Comprensione e Collaborazione fra Religioni

Un discorso di Sri Mata Amritanandamayi

Mata Amritanandamayi Center, San Ramon
California, Stati Uniti

Comprensione e Collaborazione fra Religioni
Un discorso di Sri Mata Amritanandamayi
Tradotto da Swami Amritaswarupananda Puri

Pubblicato da:
Mata Amritanandamayi Center
P.O. Box 613
San Ramon, CA 94583
Stati Uniti

––––––––––*Interfaith Speech Italian* ––––––––––––
Copyright © 2006 Mata Amritanandamayi Center, P.O. Box 613, San Ramon, CA 94583, Stati Uniti

Prima edizione a cura del MA Center: agosto 2016

In Italia: www.amma-italia.it

In India:
inform@amritapuri.org
www.amritapuri.org

Sri Mata Amritanandamayi

Introduzione

Il 2 maggio 2006, al Museo dell'Arte Rubin nel distretto di Chelsea a Manhattan, durante la Cerimonia del 4° Premio Annuale Interreligioso James Parks Morton, Amma ha tenuto il discorso "Comprensione & Collaborazione fra Religioni".

Il Centro Interreligioso di New York (ICNY) ha conferito ad Amma il Premio del 2006 per il suo eccezionale impegno nel coltivare "la comprensione e il rispetto interreligiosi" – obiettivo primario del ICNY. "La vita di Amma è dedicata all'accettazione", ha detto il fondatore del Museo Rubin, Donald Rubin, quando ha presentato Amma prima della consegna del premio. "… e accettando tutti gli esseri umani attraverso l'atto fisico dell'abbraccio, Amma trascende tutte le religioni e le divisioni politiche. L'accettazione e l'amore creati con l'abbraccio sono la guarigione emotiva di cui abbiamo bisogno. Sono il tipo di conforto che ci hanno donato le nostre madri quando eravamo bambini. È questa la guarigione che Amma ha donato al mondo."

L'ICNY è stato particolarmente colpito dall'enorme opera di soccorso che l'Ashram di Amma ha intrapreso in seguito allo tsunami asiatico del

2004, ed era interessato ad ascoltare le considerazioni di Amma sulla comprensione e collaborazione interreligiose in seguito a quell'esperienza.

"Quando si verificano calamità naturali, il cuore della gente si apre, trascendendo i pensieri di casta, religione e politica", ha detto Amma nel suo discorso. "Tuttavia, la tolleranza e la compassione che la gente esprime in tali situazioni arrivano e se ne vanno alla velocità del fulmine. Se invece riuscissimo a mantenere acceso dentro di noi il fuoco della compassione, l'oscurità che ci circonda si disperderebbe."

Sebbene Amma abbia tenuto il suo discorso in Malayalam, tutti i presenti hanno potuto ascoltarlo in inglese grazie ad una traduzione simultanea. Le parole di Amma non erano la teorica di uno studioso, ma erano pregne della sua illuminazione ed esperienza personale e, come tali, avevano un vero peso, con un visibile impatto su tutti gli astanti.

Pur accettando la necessità della religione, Amma ha continuato a sottolineare quanto sia importante per i ricercatori spirituali penetrare fino a ciò che sta alla base di tutte le fedi. "Proprio come si succhia il succo della canna da zucchero e se ne sputa il gambo, i leader spirituali dovrebbero incoraggiare i seguaci ad assimilare l'essenza della religione - che è la spiritualità - e a non dare troppa importanza agli aspetti esteriori. Purtroppo, oggi molti mangiano il gambo e sputano l'essenza", ha detto Amma.

Amma ha espresso rammarico per il fatto che, mentre i santi e i saggi danno importanza ai valori spirituali, i loro seguaci spesso restano invischiati nell'istituzionalismo. Amma ha detto: "Come conseguenza, le stesse religioni che avrebbero dovuto diffondere pace e tranquillità unendo le persone col filo dell'amore sono diventate ora motivo di guerra e di conflitto. A causa della nostra ignoranza e della nostra visione limitata, confiniamo le grandi anime nelle strette gabbie della religione. In loro nome ci siamo rinchiusi nella prigione dell'ego e abbiamo incominciato a inorgoglirci e a litigare. Se ciò andrà avanti, la comprensione e la collaborazione resteranno per sempre un miraggio."

Nella sua conclusione Amma ha detto che una soluzione a quasi tutti i problemi che il mondo d'oggi sta affrontando può essere espressa in una parola sola: "compassione", e ha sottolineato quanto sia importante che i membri di ogni religione servano i poveri e i sofferenti. "La preghiera autentica è aiutare i poveri e i bisognosi", ha detto Amma. "Senza compassione tutti i nostri sforzi saranno vani".

Al termine del discorso di Amma, la sala del Museo dell'Arte Rubin è traboccata di applausi, e nel giro di poco i partecipanti alla funzione, inclusi molti altri ospiti d'onore, si sono recati a ricevere l'abbraccio individuale di Amma.

Swami Amritaswarupananda Puri
Vice Presidente
Mata Amritanandamayi Math

Hanno ricevuto il premio insieme ad Amma altre cinque personalità: il vincitore del Premio Nobel per la Pace del 2005, il dott. Mohammed Elbaradei, Direttore Generale dell'International Atomic Energy Agency; il Giudice della Corte Suprema degli USA Stephen G. Breyer; il famoso attore americano Richard Gere, per il suo operato come Direttore di Healing the Divide e Presidente del Comitato per la Campagna Internazionale per il Tibet; l'Imam Feisal Abdul Rauf, Imam di Masjid Al-Farah, e Daisy Khan, Direttore Esecutivo della Società Americana per il Progresso della Comunità Musulmana.

Altre figure a cui in passato l'ICNY ha conferito il Premio Interreligioso includono tre vincitori del Premio Nobel per la Pace – Sua Santità il Dalai Lama, l'Arcivescovo Desmond Tutu e Shirin Ebadi – e l'ex Presidente degli Stati Uniti Bill Clinton.

Comprensione & Collaborazione fra Religioni

Discorso di Apertura di
Sri Mata Amritanandamayi
al Centro Interreligioso di New York
Museo dell'Arte Rubin
2 maggio 2006, New York City

Amma si inchina a tutti voi presenti, che siete l'incarnazione del Puro Amore e della Consapevolezza Suprema.

Per cominciare Amma desidera porgere i suoi migliori auguri al Centro Interreligioso di New York. Possa questa organizzazione, sotto la guida esperta del Reverendissimo James Parks Morton, accendere la luce dell'amore e della pace in tantissimi cuori. Il Centro Interreligioso merita una speciale menzione per le attività svolte in occasione della tragedia dell'11 settembre, in cui hanno perso la vita migliaia di persone, inclusi bambini innocenti. Permettete inoltre ad Amma di cogliere questa opportunità per esprimere la

gioia che sente nel cuore perché è stato possibile tenere questa conferenza, e per la fede che avete riposto in lei.

In effetti, è soltanto grazie all'altruismo e al senso di sacrificio di milioni di devoti da tutto il mondo che ad Amma è stato possibile offrire qualche servizio alla società. In realtà, questo premio e riconoscimento vanno a loro. Amma è soltanto uno strumento.

L'argomento del discorso di oggi, "Comprensione e Collaborazione fra Religioni", è stato affrontato in migliaia di forum in tutto il mondo. E mentre tali discussioni, e il lavoro di organizzazioni come questa, hanno unito in qualche modo le religioni, la paura e l'ansia nei confronti del mondo e del suo futuro continuano a tormentare la nostra mente.

Affinché questa situazione possa cambiare, necessitiamo di migliore comprensione e maggiore collaborazione fra le religioni. In incontri come questo, sia i capi spirituali che i capi di stato rivendicano con fermezza questo punto, ma si è poi spesso incapaci di dimostrare nei fatti la stessa fermezza che si ha a parole. In questi incontri condividiamo molte idee, eppure, quando proviamo a metterle in atto, non ne siamo capaci a causa dell'influenza di diverse pressioni. Un incontro senza cuori aperti è come un paracadute che non si apre.

In ogni religione ci sono due aspetti: uno è quello degli insegnamenti filosofici, così come vengono spiegati nelle Sacre Scritture, e l'altro è la spiritualità. Il primo è l'involucro esteriore e la spiritualità ne è l'essenza interiore. La spiritualità è il risveglio della propria vera natura. I veri fedeli sono coloro che compiono lo sforzo di conoscere il proprio Vero Sé. Qualsiasi sia la propria religione, se si comprendono i princìpi spirituali si può raggiungere l'Obiettivo Finale, la realizzazione della propria vera natura. Se un vasetto contiene miele, il colore del vasetto è irrilevante. Al contrario, se non si assorbono i princìpi spirituali, la religione si ridurrà a una mera fede cieca, che incatena.

Lo scopo della religione è trasformare la nostra mente. Affinché ciò avvenga è necessario assorbire la spiritualità - l'essenza interiore della religione. Ciò che determina l'armonia religiosa è l'unità dei cuori. Se i nostri cuori non riusciranno a unirsi, anziché diventare un gruppo ci allontaneremo l'uno dall'altro e i nostri sforzi saranno frammentari.

La religione indica la via, come un cartello stradale. L'obiettivo è l'esperienza spirituale.

Per esempio, indicando un albero, una persona dice: "Guarda quell'albero. Lo vedi il frutto che pende da quel ramo? Se lo mangi otterrai l'immortalità!". Ciò che bisogna fare poi è salire sull'albero, cogliere il frutto e mangiarlo. Se invece ci si aggrappa al dito della persona, non si sarà mai in grado di godere del frutto. Attenersi solamente alle parole delle Scritture anziché cogliere i princìpi spirituali che esse indicano è la stessa cosa.

Proprio come si succhia il succo della canna da zucchero e se ne sputa il gambo, i leader spirituali dovrebbero incoraggiare i seguaci ad assimilare l'essenza della religione - che è la spiritualità - e a non dare troppa importanza agli aspetti esteriori. Purtroppo, oggi molti mangiano il gambo e sputano l'essenza.

La forza della religione risiede nella spiritualità, che è il cemento che fortifica la struttura della società. Praticare la religione e vivere senza assimilarne la spiritualità è come costruire una torre mettendo i mattoni uno sull'altro senza mai usare il cemento: crollerà facilmente. La fede religiosa senza spiritualità diventa priva di vita, come una parte del corpo non raggiunta dalla circolazione sanguigna.

L'energia di un atomo può essere impiegata sia per creare, che per distruggere. La possiamo usare per produrre elettricità e beneficiare il mondo. Possiamo anche creare una bomba atomica che distrugge tutto. Sta a noi la scelta. Assimilare l'aspetto spirituale della religione è come generare l'elettricità dall'atomo, mentre la religione priva di una prospettiva spirituale conduce a un grave pericolo.

Il sistema delle caste e altre divisioni socio-culturali esistevano in varie culture anche nei tempi passati; allora le divisioni erano manifeste, affinché tutti le potessero vedere. Oggi, invece, parliamo come se fossimo estremamente consapevoli dell'importanza dell'unità e dell'uguaglianza religiosa, ma dentro di noi continuano a infuriare l'odio e il desiderio di vendetta. In passato i problemi erano prevalentemente a livello grossolano, ma ora sono a livello sottile e per tale motivo sono più potenti e penetranti.

Ad Amma viene in mente una storia. In una città viveva un noto criminale. Ogni sera alle sette andava a bighellonare in un particolare angolo di una certa strada e avvicinava e insultava le donne e le ragazze che passavano di lì. Per timore, nessuna donna passava per quella strada dopo il tramonto; restavano nascoste, chiuse in casa. Trascorsero così diversi anni, e poi, un giorno, improvvisamente, il criminale morì.

Tuttavia, anche dopo la morte del criminale le donne di quella zona continuarono a rimanere in casa dopo il tramonto. Con perplessità alcuni domandarono come mai nessuna donna si avventurasse fuori e le donne risposero: "Quando era vivo, lo potevamo vedere con i nostri occhi e sapevamo perciò dove si trovava e quando. Ma ora, è il suo fantasma che ci assale. Adesso ci può aggredire ovunque e in qualsiasi momento! Essendo sottile è anche più potente e penetrante". Simile è il caso delle odierne divisioni socio-religiose.

Infatti, la religione è un condizionamento creato dagli esseri umani. Alla nascita, non abbiamo vincoli o limitazioni di lingua o religione. Esse ci vengono insegnate, condizionandoci nel tempo. Proprio come una piantina necessita di una recinzione, in una certa misura questo condizionamento è anche necessario, ma quando l'alberello si trasforma in albero trascende la recinzione; in modo analogo, dobbiamo essere in grado di andare oltre i nostri condizionamenti religiosi e diventare "incondizionati".

Ci sono tre cose che rendono "umano" un essere umano: 1) l'intenso desiderio di conoscere il significato e la profondità della vita attraverso un discernimento intelligente; 2) la miracolosa abilità di dare amore; 3) la capacità di essere felici e di donare gioia agli altri. La religione dovrebbe aiutare le persone a realizzarle tutte e tre. Soltanto allora la religione e gli esseri umani saranno completi.

Mentre le grandi anime danno importanza ai valori spirituali, i loro seguaci spesso danno più importanza alle istituzioni e alle organizzazioni. Come conseguenza, le stesse religioni che avrebbero dovuto diffondere pace e tranquillità unendo le persone col filo dell'amore sono diventate ora motivo di guerra e di conflitto.

A causa della nostra ignoranza e della nostra visione limitata, confiniamo le grandi anime nelle strette gabbie della religione. In loro nome ci siamo rinchiusi nella prigione dell'ego e abbiamo incominciato a inorgoglirci e a litigare. Se ciò andrà avanti, la comprensione e la collaborazione resteranno per sempre un miraggio.

C'erano una volta due uomini su un tandem che cercavano di arrampicarsi su una ripida collina. Sebbene si sforzassero al massimo, riuscirono a percorrere solo una breve distanza. Stanchi e provati, a un certo punto scesero dalla bicicletta per riposare. Senza fiato e madido di sudore, l'uomo che pedalava davanti disse: "Che collina! Per quanto ci sforziamo di pedalare non arriviamo da nessuna parte. Sono esausto e ho la schiena a pezzi!".

Nel sentire ciò, l'uomo che pedalava dietro disse: "Eh, amico mio, pensi di essere tu quello stanco?! Se non fosse stato per me che ho tenuto il freno per tutto il tempo, saremmo scivolati all'indietro fino al punto di partenza!".

Consapevolmente o inconsapevolmente, questo è ciò che facciamo in nome della comprensione e collaborazione reciproca. Non apriamo il nostro cuore a causa della profonda mancanza di fiducia che abbiamo gli uni verso gli altri.

In realtà, i princìpi dell'amore, della compassione e dell'unità sono il nucleo di tutti gli insegnamenti religiosi.

Nel Cristianesimo si dice: "ama il prossimo tuo come te stesso"; nell'Induismo si dice: "bisogna pregare affinché gli altri possano avere ciò che desideriamo per noi stessi"; nell'Islam si dice: "se l'asino del tuo nemico si ammala, devi prendertene cura", nel Giudaismo si dice: "odiare il proprio vicino è come odiare se stessi". Sebbene sia espresso in modi diversi, il principio che viene trasmesso è lo stesso; il significato di tutti questi detti è: poiché la stessa Anima - o Atman - è in tutte le cose, dobbiamo vedere e servire tutti come Uno. È l'intelletto distorto delle persone che fa interpretare questi princìpi in modo limitato.

Amma ricorda una storia. C'era una volta un pittore famoso che aveva dipinto il ritratto di un'affascinante giovane donna. Chiunque vedeva il dipinto si innamorava di lei. Alcuni domandavano al pittore se fosse la sua amata. Quando egli rispondeva di no, tutti affermavano con risolutezza di volerla sposare e che non avrebbero permesso a nessun altro di farlo.

Insistevano: "Vogliamo sapere dove trovare questa bellissima signora". Il pittore diceva loro: "Mi spiace, ma in realtà io non l'ho mai vista. Non appartiene a nessuna nazionalità, nessuna religione e a nessuna lingua. Ciò che vedete in lei non è la bellezza di una persona particolare. Ho semplicemente dato degli occhi, un naso e una forma alla bellezza che vedevo dentro di me".

Ma nessuno credeva alle parole del pittore. Lo accusavano rabbiosamente, dicendo: "Tu menti. Vuoi solo tenertela tutta per te!". Con calma il pittore rispondeva loro: "No, vi prego, non guardate questo quadro solo in superficie. Se anche cercaste in tutto il mondo non la trovereste – eppure è la quintessenza di ogni bellezza".

Ciò nonostante, ignorando le parole del pittore, gli uomini si infatuavano dei colori e del quadro. Nel loro intenso desiderio di poter possedere la giovane donna, litigarono e combatterono l'uno contro l'altro fino alla morte.

Anche noi siamo così. Oggi siamo alla ricerca di un Dio che dimora solo nelle immagini e nelle Scritture e in tale ricerca abbiamo perso la strada.

Le Scritture affermano che ognuno vede il mondo attraverso lenti colorate. Vediamo nel mondo ciò che vi proiettiamo. Se guardiamo con gli occhi dell'odio e della vendetta, il mondo ci apparirà esattamente in quel modo, ma se guardiamo con gli occhi dell'amore e della compassione, non vedremo altro che la bellezza di Dio ovunque.

Amma ha sentito di un esperimento condotto per scoprire se il mondo è davvero come noi lo percepiamo oppure no. I ricercatori hanno dato a un giovane un paio di occhiali che distorcevano la visione, chiedendogli di indossarli continuamente per sette giorni. Per i primi tre giorni il ragazzo è stato molto agitato, perché ogni percezione era angosciante. Ma dopo tre giorni, i suoi occhi si sono adattati completamente agli occhiali e di conseguenza il dolore e il disagio sono scomparsi completamente. Ciò che all'inizio gli faceva sembrare il mondo strano e distorto, alla fine è diventata una cosa normale.

Nello stesso modo, ognuno di noi indossa un diverso tipo di occhiali ed è proprio attraverso questi occhiali che vediamo il mondo e la religione, reagendo di conseguenza; a causa di questo, spesso siamo addirittura incapaci di vedere le persone come esseri umani.

Amma si ricorda di un fatto raccontatole molti anni fa da un leader spirituale. Si era recato in un ospedale a Hyderabad, in India, per partecipare a una funzione. Appena sceso dall'auto, mentre si dirigeva verso l'ospedale, vide che molte donne stavano in fila su entrambi i lati del percorso per riceverlo in modo tradizionale - con delle lampade a olio e del riso. Mentre camminava in mezzo a loro, esse intinsero il riso nell'olio e glielo gettarono in faccia. L'uomo raccontò ad Amma:

"Lungi dall'essere un caldo benvenuto, si trattava piuttosto di un gesto di rabbia e opposizione. Feci loro segno di smetterla, coprendomi il volto con le mani, ma continuarono imperterrite".

In seguito, aveva domandato se le persone allineate per accoglierlo credessero in Dio. Il proprietario dell'ospedale gli disse che erano credenti e parte del personale. Egli rispose: "Ne dubito, perché nel loro comportamento ho sentito rabbia e vendetta".

Sospettando qualcosa, il proprietario mandò qualcuno ad indagare e questo fu ciò che vide... Le donne che avevano "dato il benvenuto" alla guida spirituale erano riunite in una stanza e se la ridevano. Con disprezzo, una di esse si vantava ad alta voce: "Gliel'ho proprio suonata a quel demonio!".

In verità, il personale apparteneva a una religione diversa. Dietro richiesta del loro datore di lavoro, avevano dovuto andare a dare il benvenuto all'ospite. Ma non avevano nessuna comprensione della vera religione o della cultura spirituale; la loro struttura mentale era tale per cui persone di fede diversa non erano considerate esseri umani, ma demoni.

21

Ci sono due tipi di ego. Uno è l'ego del potere e del denaro, ma il secondo tipo, più distruttivo, è quello che ritiene: "Soltanto la mia religione e il mio punto di vista sono giusti. Tutti gli altri sono sbagliati e non necessari. Non tollererò nient'altro". Questo è come dire: "Mia madre è buona; la tua è una prostituta!". Questo modo di pensare e di agire è la causa di tutto l'attrito religioso, a meno che questi due tipi di ego non vengano sradicati, sarà difficile portare la pace nel mondo.

La disponibilità ad ascoltare gli altri, la capacità di comprenderli e l'apertura mentale per accettare anche coloro che non sono d'accordo con noi - sono questi i segni di un'autentica cultura spirituale. Sfortunatamente, oggi queste sono proprio le qualità di cui il mondo è carente.

Tuttavia, quando si verificano calamità naturali, il cuore della gente si apre, trascendendo i pensieri di casta, religione e politica. Quando lo tsunami ha colpito l'Asia del sud, tutte le barriere di religione e nazionalità sono sparite. Tutti i cuori hanno sofferto nella compassione per le vittime. Tutti gli occhi hanno versato lacrime insieme a loro. E tutte le mani si sono protese per asciugare quelle lacrime e per aiutare le persone.

Sono state innumerevoli le occasioni in cui il cuore e l'anima di Amma sono traboccati vedendo atei e persone appartenenti a correnti politiche e fedi diverse lavorare giorno e notte accanto ai residenti dell'ashram con spirito di sacrificio. Tuttavia, la tolleranza e la compassione che la gente esprime in tali situazioni arrivano e se ne vanno alla velocità del fulmine. Se invece riuscissimo a mantenere acceso dentro di noi il fuoco della compassione, l'oscurità che ci circonda si disperderebbe. Possa quel rivolo di compassione che è in noi diventare così un flusso torrenziale. Trasformiamo questa scintilla d'amore in un fulgore splendente come il sole. Ciò porterà il paradiso sulla terra. La capacità di realizzare tutto ciò è dentro ognuno di noi, è un nostro diritto di nascita e la nostra vera natura.

Indipendentemente dal colore, se si gonfia con elio un palloncino, questo salirà fino in cielo. Allo stesso modo, persone di ogni religione possono elevarsi a grandi altezze, se colmano d'amore il proprio cuore.

Amma si ricorda di una storia. Una volta i colori del mondo si riunirono. Ognuno sosteneva: "Sono io il colore più importante e più amato". La conversazione alla fine culminò in un litigio.

Il verde dichiarò con fierezza: "Io sono davvero il colore più importante. Sono il segno della vita. Gli alberi, le piante - tutto in natura ha il mio colore. C'è bisogno di aggiungere altro?".

Intervenne l'azzurro: "Ehi, smettila di blaterare! Stai solo parlando della Terra. Non li vedi il cielo e l'oceano? Sono tutti azzurri. E l'acqua è il substrato della vita. Acclamate me, il colore dell'infinito e dell'amore!".

Nel sentire ciò, il rosso gridò: "Quando è troppo è troppo! Tutti zitti! Sono io il sovrano di voi tutti - io sono il sangue. Sono il colore del valore e del coraggio. Senza di me non c'è vita".

In mezzo a tutto questo tumulto, parlò il bianco sottovoce: "Avete fatto tutti i vostri ragionamenti. Ora, avrei solo una cosa da dire, non dimenticate la verità che io sono il substrato di tutti i colori".

Si fecero avanti anche molti altri colori, tutti magnificando la propria grandezza e supremazia nei confronti degli altri. Gradualmente, ciò che era cominciato come un semplice scambio di parole si trasformò in una guerra verbale. I colori erano addirittura pronti a distruggersi l'un l'altro.

Improvvisamente il cielo si oscurò. Ci furono lampi e tuoni seguiti da un pesante rovescio. Il livello dell'acqua si alzò velocemente. Gli alberi furono sradicati, e tutta la natura era in agitazione.

Tremando di paura, i colori impotenti si misero a gridare: "Salvaci!". Proprio in quel momento sentirono una voce dal cielo: "Voi colori! Dove sono adesso il vostro ego e il vostro falso orgoglio? Voi che stavate insensatamente lottando per la supremazia, ora tremate di paura, incapaci di salvare persino voi stessi. Tutto ciò che considerate vostro può finire in un istante. Dovete capire una cosa - seppure diversi, ognuno di voi è incomparabile. Dio ha creato ognuno di voi per uno scopo diverso. Per salvarvi dovrete tenervi per mano. Se rimanete uniti, potete librarvi ed espandervi in cielo. Armoniosamente l'uno accanto all'altro, potrete diventare l'arcobaleno dai sette colori, simbolo di pace e bellezza, segno di speranza nel domani. Da quell'altezza, tutte le differenze spariranno e vedrete tutto come Uno. Possano la vostra unità e armonia essere di ispirazione a tutti".

Ogni volta che vediamo uno stupendo arcobaleno, sentiamoci ispirati a lavorare insieme come una squadra, con comprensione e apprezzamento reciproci.

Le religioni sono fiori da offrire nell'adorazione di Dio. Che bello se fossero tutti uniti! Diffonderebbero così il profumo della pace per il mondo intero.

I capi spirituali dovrebbero farsi avanti e cantare il canto di pace dell'unità e dell'amore universali. Dovrebbero diventare come degli specchi per il mondo. Non si pulisce uno specchio nel suo interesse, ma per far sì che coloro che ci si specchiano possano pulirsi meglio il volto. Gli emissari religiosi devono diventare dei modelli di comportamento. L'esempio offerto dai capi spirituali determinerà la purezza delle azioni e dei pensieri dei loro seguaci. Solo quando persone dalle menti nobili metteranno in pratica gli ideali religiosi, i loro seguaci assorbiranno lo stesso spirito e si sentiranno ispirati ad agire nobilmente.

In un certo senso, tutti dovremmo diventare dei modelli di comportamento, perché ci sarà sempre qualcuno che ci prenderà come esempio. È nostro dovere tenere in considerazione chi ci guarda con rispetto. In un mondo popolato da modelli di comportamento non esisteranno più né guerre né armi, che saranno solo un brutto sogno fatto in un passato molto lontano. Le armi e le munizioni diverranno articoli da museo - simboli di un passato remoto, quando gli esseri umani sviavano dal percorso che li portava alla meta.

Il nostro errore è che siamo stati ingannati dagli aspetti superficiali della religione. Correggiamolo. Proviamo a comprendere insieme il cuore della religione - l'amore universale, la purezza del cuore, il vedere l'unità in tutto. Viviamo in un'epoca in cui il mondo intero si sta riducendo a un paese globale. Ciò di cui abbiamo bisogno non è una mera tolleranza religiosa, ma una profonda comprensione reciproca. Dobbiamo sbarazzarci delle incomprensioni e della diffidenza. Diciamo addio all'epoca oscura della rivalità e segniamo l'inizio di una nuova epoca di creativa cooperazione interreligiosa. Siamo appena entrati nel terzo millennio. Possano le generazioni future definirlo il millennio dell'amicizia e della cooperazione religiosa.

Amma vorrebbe proporre all'attenzione di voi tutti qualche suggerimento:

1) La soluzione di quasi tutti i problemi che il mondo sta affrontando oggi, per dirla in una parola sola, è "compassione". L'essenza di tutte le religioni risiede nell'essere compassionevoli verso gli altri. I capi religiosi dovrebbero evidenziare l'importanza della compassione attraverso

l'esempio personale. Nel mondo odierno, nulla è più carente dei modelli di comportamento. I capi religiosi dovrebbero farsi avanti per colmare questa lacuna.

2) A causa del nostro sfruttamento della natura e della generale mancanza di consapevolezza, l'inquinamento sta distruggendo la terra. I capi spirituali dovrebbero promuovere campagne per diffondere la consapevolezza dell'importanza della protezione ambientale.

3) Potremmo non essere in grado di evitare le calamità naturali. E poiché gli esseri umani non hanno controllo del proprio ego, potrebbe non essere possibile evitare totalmente la guerra e altri conflitti. Ma con una determinata risoluzione è possibile certamente estirpare la fame e la povertà.

Tutti i capi religiosi dovrebbero provare a fare il possibile per raggiungere questo obiettivo.

4) Per promuovere la comprensione interreligiosa, ogni religione dovrebbe aprire centri in cui studiare in modo approfondito gli insegnamenti di altre fedi. Ciò dovrebbe essere fatto con una visione aperta, senza nessun secondo fine.

5) Così come il sole non ha bisogno della luce di una candela, Dio non ha bisogno di nulla da

noi. La preghiera autentica è aiutare i poveri e i bisognosi. Senza compassione tutti i nostri sforzi saranno vani - proprio come versare del latte in un contenitore sporco. Tutte le religioni dovrebbero enfatizzare questo aspetto della compassione.

Preghiamo e lavoriamo insieme per creare un gioioso domani, libero dai conflitti, in cui le religioni lavorino insieme nella felicità, nella pace e nell'amore.

Possa l'albero della nostra vita essere
fermamente radicato nel terreno dell'amore;
Possano le buone azioni
essere le foglie di quest'albero;
Possano parole di gentilezza
costituirne i fiori;
E possa la pace esserne il frutto.
Possiamo noi crescere ed espanderci
come una sola famiglia,
unita nell'amore,
per gioire e celebrare la nostra unità
in un mondo in cui regnano
la pace e l'appagamento.

*9 7 8 1 6 8 0 3 7 6 1 8 0 *